Die Kerze ist von der heiligen Erstkommunion genauso wenig wegzudenken wie das Brautkleid von der Hochzeit. Beide Feste haben gemeinsam, dass sie Ihrem Kind unvergesslich bleiben werden. Mit diesem Buch erhalten Sie Unterstützung, um einen wichtigen Beitrag zu diesem unvergesslichen Festtag zu leisten. Es gibt Ihnen Anregungen, wie Sie, auch zusammen mit Ihrem Kind, liebevoll eine ganz individuelle und persönliche Kommunionkerze gestalten können.

Wählen Sie zwischen klassischen, verspielten, eleganten und modernen Motiven. Sie sind der Künstler, der mit Hilfe meiner Anregungen etwas ganz Besonderes für Ihr Kommunionkind gestalten wird.

Ich wünsche Ihnen gutes Gelingen und Ihrem Kind einen unvergesslichen Tag.

X. Bauer

Kleiner Regenbogenfisch

schillert in allen Farben

MATERIAL

KOMMUNIONKERZE

* Kerze in Weiß, ø 4 cm, 50 cm lang
* Verzierwachsplatte in Blau mit Moirée-Effekt und Silber matt
* Regenbogen-Wachsstreifen
* Wachsbuchstaben in Silber, 8 mm hoch
* Schreibfolie in Silber

TISCHKERZE

* Tropfenkerze in Weiß, 18 cm x 12 cm
* Verzierwachsplatte in Blau mit Moirée-Effekt und Silber matt
* Regenbogen-Wachsstreifen
* Wachszahlen in Silber, 8 mm hoch
* Schreibfolie in Silber

VORLAGE

Bogen 1A

Kommunionkerze

1 Zuerst den Regenbogen in einer Höhe von ca. 33 cm auf der Kerze anbringen. Er wird aus je zwei gleichfarbigen Wachsstreifen (etwa 10 cm lang) zusammengesetzt. Das Monogramm unterhalb des Regenbogens anbringen.

2 Den bunten Regenbogenfisch darunter positionieren und die Innenlinien mit der Nadel nachfahren, damit er ein schönes Schuppenkleid bekommt. Die Luftblasen mit der Nadel heraustrennen und anbringen.

3 Die untere Borte besteht aus einem 13 cm langen und 1,2 cm breiten Wachsstreifen. Bringen Sie den Namen des Kommunionkindes darauf an und geben Sie anschließend nach Wunsch dem gesamten Motiv mit der silbernen Schreibfolie einen schönen Glanz. Vergessen Sie nicht, das Motiv mit Kerzenschutzlack zu überziehen.

Tischkerze

Das Motiv wird wie bei der Kommunionkerze beschrieben angebracht. Die Streifen für den Regenbogen sind jedoch 12 cm lang. Das Datum habe ich schräg auf die Kerze geschrieben, weil ich finde, dass es so schwungvoller wirkt.

Mein Tipp für Sie

Schillernde Schuppen Gestalten Sie die Schuppen, den Mund und das Auge des Fisches wie bei der Kommunionkerze mit Verzierwachsresten in Pink, Hellblau, Zitronengelb, Mittelblau und Dunkelblau. Dadurch wirkt er viel lebendiger.

19.04.08

TIMO
ANNA

Im Zeichen des Neuen Bundes

Kelch und Kreuz

MATERIAL

BLAUE KERZE

* Kerze in Elfenbein, ø 3,5 cm, 40 cm hoch
* Verzierwachsplatte in Dunkelblau, Gold matt und Gold glänzend
* 2 Perlstreifen in Gold, 2 mm breit
* Rundstreifen in Silber, 2 mm breit
* Schreibfolie in Silber
* Wachsbuchstaben in Silber, 8 mm hoch

ORANGE KERZE

* Kerze in Weiß, ø 3 cm, 40 cm hoch
* Verzierwachsplatte in Rot, Orange und Gold matt
* 2 Perlstreifen in Gold, 2 mm breit
* Flachstreifen in Gold, 1 mm breit
* Wachsbuchstaben in Gold, 8 mm hoch
* Strassstein, ø 4,5 mm

VORLAGE

Bogen 1A

Blaue Kerze

1 Zuerst das blaue Rechteck (20 cm x 10 cm) mittig auf der Kerzenmitte anbringen, dann die Schreibfolie auflegen und mit einem stumpfen Bleistift das Streifenmuster aufmalen (siehe Vorlage).

2 Den Kelch über dem silbernen Muster fixieren und das Kreuz aus zwei Perlstreifen (9 cm und 3 cm lang) darüber anbringen. Jetzt den goldglänzenden Fisch auf der Kerze andrücken und mit silbernen Rundstreifen verzieren. Die Wellen sind ebenfalls aus silbernen Rundstreifen. Zuletzt noch den Namen und die Verzierborte aus zwei Perlstreifen anbringen. Fertig ist die Kerze.

Orange Kerze

1 Ein Rechteck in Rot (9 cm x 4 cm) und ein Rechteck in Orange (8,2 cm x 3,3 cm) ausschneiden. Beide übereinander auf der Kerze andrücken und anschließend mit Perlstreifen umranden. Das gibt einen schönen Abschluss.

2 Den Kelch am besten direkt auf das orange Rechteck übertragen und dann mit schmalen Flachstreifen nachlegen. Den funkelnden Strassstein fest eindrücken. Links daneben das Kreuz mit einem 2 mm breiten roten Wachsstreifen und dem schmalen goldfarbenen Flachstreifen anbringen. Der untere Teil ist 3,3 cm, der obere 6 cm lang. Das Querstück misst 3 cm. Nun noch den Namen und die zwei Perlstreifen als Borte anbringen, dann können Sie die Kerze zum Schutz lackieren.

So bunt wie das Leben

positive Farben verströmen Energie

MATERIAL

KOMMUNIONKERZE

* Kerze in Weiß, ø 4 cm, 50 cm hoch
* Wachsplatte in Erika (dunkles Pink), Orange, Weinrot, Apfelgrün und Gold glänzend
* 2 Flachstreifen in Gold, 3 mm breit
* 2 Verzierborten in Gold, 5 mm breit
* Schreibfolie in Gold

TISCHKERZE

* Kerze in Weiß, quadratisch, 6 cm x 6 cm, 20 cm hoch
* Wachsplatte in Erika (dunkles Pink), Orange, Weinrot, Apfelgrün, Gelb und Silber matt
* Wachsbuchstaben und -zahlen in Gold, 8 mm hoch

VORLAGE

Bogen 1A

Kommunionkerze

1 Zuerst die bunten Rechtecke (4 cm x 4,5 cm) zuschneiden und zusammen mit goldenen Flachstreifen (5,5 cm lang) auf der Kerze anbringen. Die Vorlage hilft Ihnen beim Positionieren der einzelnen Teile.

2 Die Motive aus dem Wachs heraustrennen und die Innenlinien mit der Nadel einzeichnen. Dann die Motive auf den bunten Farbflächen anbringen. Alpha und Omega am besten mithilfe der Vorlage direkt auf der Kerze mit Flachstreifen nachlegen.

3 Zuletzt das Motiv mit der Verzierborte oben und unten einfassen. Ich habe dazu einen Abstand von 2 cm zum Motiv gewählt. Wenn Sie möchten, können Sie das Motiv außerdem mit Schreibfolie in Gold etwas verschönern.

Tischkerze

1 Zuerst acht farbige Rechtecke (4 cm x 5 cm, zwei in jeder Farbe) und 6 mm breite gelbe Streifen anfertigen. Nun zuerst die gelben Streifen mit den Farbflächen anbringen, dann die übrigen Farbflächen leicht versetzt an den Ecken fixieren.

2 Jetzt sind die Motive dran. Dazu die Taube und die Tulpe aus Wachs anfertigen, mit der Nadel verzieren und aufdrücken. Dann den Namen und das Datum ergänzen. Ich habe Sie bei dieser Kerze auf die unteren beiden Rechtecke geschrieben. Nach Belieben das Motiv noch mit goldener Schreibfolie verschönern.

Mein Tipp für Sie

Beschriften der Kommunionkerze Wenn Sie den Namen des Kommunionkindes und das Datum auf der Kerze anbringen möchten, können Sie die Buchstaben bzw. Zahlen z. B. in die Freiräume zwischen dem Motiv und der oberen/unteren Borte schreiben.

EVA
13
04
08

Zur 1. hlg. Kommunion
26
04
09
SIMO

Ein Zeichen des Himmels

und Symbol des Heiligen Geistes

MATERIAL

KOMMUNIONKERZE

* Kerze in Weiß, ø 4 cm, 40 cm hoch
* Verzierwachsplatte in Enzianblau und Blau marmoriert
* Flachstreifen in Silber, 1 mm, 2 mm und 3 mm breit
* Wachsmotiv in Weiß: Taube, 3,5 cm hoch
* Wachsbuchstaben in Silber, 8 mm hoch
* Schreibfolie in Silber

TISCHKERZE

* Kerze in Weiß, oval, 6,5 cm breit, 16 cm hoch
* Verzierwachsplatte in Enzianblau und Blau marmoriert
* Flachstreifen in Silber, 1 mm und 3 mm breit
* Wachsmotiv in Weiß: Taube, 3,5 cm hoch
* Wachszahlen in Silber, 8 mm hoch
* Wachsdekor in Weiß mit Schriftzug: Zur 1. hlg. Kommunion

VORLAGE

Bogen 1A

Kommunionkerze

1 Den Kreis aus blau marmoriertem Verzierwachs ausschneiden, auf der Kerze fixieren und mit dem 1 mm breiten Flachstreifen einfassen. Dadurch hebt er sich schön von der weißen Kerze ab. Nun das Kreuz aus blauem Wachs zuschneiden, wie auf dem Foto auf dem Kreis anbringen und mit 3 mm breiten Flachstreifen in Silber verzieren.

2 Die weiße Taube in der Mitte des Kreuzes andrücken. Als Auge können Sie aus dem 3 mm breiten Flachstreifen einen kleinen Punkt mit der Nadel ausstechen und aufsetzen, das macht die Taube zum Blickfang. Die drei Strahlen, die von der Taube ausgehen, sind aus 1 mm breiten Flachstreifen.

3 Über dem Kreuz zwei silberne Flachstreifen (2 mm breit) im Abstand von 4 mm anbringen. Den Name als Gegenpool unter dem Kreuz anbringen. Zuletzt mit der Schreibfolie dem Kreuz und der Taube einen Silberschimmer geben.

Tischkerze

Die Tischkerze ziert das gleiche Motive wie die Kommunionkerze. Nur statt der Borte aus Silberstreifen wird das Wachsdekor mit dem Schriftzug „ Zur 1. hlg. Kommunion“ angebracht. Und unten rechts steht das Datum.

Lass Symbole sprechen

Sonne, Trauben, Kelch, Fisch und Kreuz

MATERIAL
* Kerze in Weiß, ø 4 cm, 40 cm hoch
* Verzierwachsplatte in Weinrot und Reste in Gelb, Ultramarinblau, Orange, Hellgrün und Mittelblau
* Verzierborte in Gold, 7,5 mm breit
* Wachsbuchstaben in Gold, 8 mm hoch
* Schreibfolie in Gold

VORLAGE
Bogen 1A

Kommunionkerze

1 Zuerst die beiden Balken des Kreuzes separat aus weinrotem Verzierwachs ausschneiden, dann die Balken aufeinanderlegen und mittig auf der Kerze anbringen. Nun mit der goldenen Schreibfolie die Ränder akzentuieren, sodass sie einen schönen Glanz bekommen.

2 Jetzt werden die einzelnen Motive aus Wachs ausgeschnitten und die innenliegenden Konturen mit der Nadel verziert. Die Sonne und den Kelch links neben dem Kreuz anbringen, die Trauben und den Fisch rechts davon. Nochmals die Schreibfolie auflegen und leicht über die Motive reiben, sodass sie einen leichten Goldglanz bekommen.

3 Etwa 4 cm ober- und unterhalb des Motivs eine Verzierborte anbringen und den Namen des Kommunionkindes mit Wachsbuchstaben auf die Kerze schreiben. Zum Schluss das gesamte Motiv mit Kerzenschutzlack überziehen.

Variante

Großeltern freuen sich ganz besonders auf einen Festtag mit Ihrem Enkel. Bei mir waren sie total gerührt, als ich ihnen als Dankeschön eine selbstgebastelte Kerze überreichte. Dieses schöne Erlebnis möchte ich Ihnen und Ihrem Kind gerne weitergeben. Daher habe ich hier mit dem Motiv einmal eine Dankeskerze gestaltet. Die weiße Stumpenkerze hat einen Durchmesser von 6 cm und ist 12 cm hoch.

JENNY

Tobias
6.04.0
GERD

Farbspiel in Blau und Grün

begeistert nicht nur Jungs

MATERIAL
KERZE MIT ÄHREN

* Kerze in Weiß, ø 3 cm, 50 cm hoch
* Verzierwachsplatte in Mittelblau, Dunkelblau, Maigrün und Silber matt
* Flachstreifen in Silber, 2 mm breit
* Schreibfolie in Silber
* Wachszahlen in Silber, 8 mm hoch

KERZE MIT TAUBE

* Kerze in Weiß, ø 4 cm, 40 cm hoch
* Verzierwachsplatte in Apfelgrün, Mittelblau und Weiß
* 5 Flachstreifen in Silber, 1 mm breit
* Wachsmotiv in Silber: Christusmonogramm, 4 cm hoch
* Wachsbuchstaben in Silber, 8 mm hoch

VORLAGE
Bogen 1B

Kerze mit Ähren

1 Mit den beiden halbrunden blauen Flächen beginnen und die Farbflächen im Abstand von 2 mm auf der Kerzenmitte fixieren. Anschließend die Lücke mit einem 2 mm breiten Flachstreifen in Mattsilber füllen.

2 Die Fische ausschneiden und mit der Nadel verzieren. Die Ähren und die Wellen werden aus einem 2 mm breiten Flachstreifen aufgelegt. Die Körner der Ähren mit der Nadel heraustrennen. Anschließend die Motive etwas mit Schreibfolie versilbern.

3 Das Namensschild auf einem silbernen Rechteck (5 cm x 2,3 cm) anbringen und auf der Kerze platzieren. Dann den Namen mit Bleistift und Schreibfolie auf das Schild schreiben. Für die Borte zwei Flachstreifen 4 cm über dem Motiv anbringen. Das Datum können Sie unterhalb des Motivs platzieren.

Kerze mit Taube

1 Das Rechteck (9 cm x 3 cm) und die drei Quadrate (3 cm x 3 cm) ausschneiden und auf der Kerze zu einem Kreuz zusammensetzen. Nun die Taube, das Kreuz, die Fische und den Kelch anfertigen und auf den Farbflächen anbringen.

2 Das Monogramm in der Mitte platzieren. Dann alle Motive, die Quadrate und das Rechteck mit dem schmalen Flachstreifen umranden, damit sie sich besser vom Untergrund abheben. Zuletzt die Borte aus drei Flachstreifen etwa 3,5 cm über dem Motiv der Kerze anbringen, den Namen mit etwas Abstand darunter.

Auf allen Wegen mit Gottes Segen

Fesselballon und Leuchtturm

MATERIAL

LEUCHTTURM

* Kerze in Weiß, ø 4 cm, 40 cm hoch
* Verzierwachsplatte in Rot, Weiß, Schwarz, Blau, Gold matt und Blau marmoriert
* Flachstreifen in Gold, 1 mm breit
* Schreibfolie in Gold
* Wachsbuchstaben und -zahlen in Gold, 8 mm hoch

FESSELBALLON

* Kerze in Weiß, ø 3 cm, 50 cm hoch
* Verzierwachsplatte in Weiß, Blau, Gelb, Orange, Braun, Schwarz und Blau marmoriert
* Perlstreifen in Gold, 2 mm breit
* Schreibfolie in Gold

VORLAGE

Bogen 1B

Leuchtturm

1 Zuerst das blau marmorierte Rechteck (8 cm x 5,5 cm), dann das weiße Rechteck (5,5 cm x 2,5 cm) auf der Kerze platzieren. Dann links ein Kreuz mit 5 mm breiten blauen Wachsstreifen ergänzen und mit goldenen Flachstreifen verzieren. Links davon das Datum anbringen.

2 Nun ist der Leuchtturm dran. Dazu die einzelnen Teile ausschneiden und auf der Kerze zusammensetzen. Dann die Ränder mit der Schreibfolie verzieren. Nun nur noch die Vögel um den Leuchtturm herum verteilen, die Muscheln platzieren und den Namen anbringen.

Fesselballon

1 Zuerst den Ballon aus weißem Verzierwachs ausschneiden, auf der Kerze anbringen und mit einem schmalen blauen Streifen umranden, damit er sich von der Kerze abhebt. Dann die blauen und orangen Streifen anfertigen und auflegen. Als nächstes die Sonne und die Wolken hinzufügen.

2 Den braunen Korb mit schmalen schwarzen Streifen am Ballon anbringen und das Gittermuster ebenfalls mit schwarzen Streifen gestalten. Die Sandsäckchen nicht vergessen.

3 Die Taube mit dem goldenen Auge hinzufügen, dann das gesamte Motiv mit Schreibfolie verzieren. Zum Schluss noch den Namen und das Datum mit 1 mm breiten blauen Wachsstreifen unter den Fesselballon schreiben und mit Schreibfolie verzieren. Dann fehlen nur noch die breiten Borten aus Perlstreifen – und fertig ist die Kerze!

„Wie bin ich auf diese Idee gekommen?“

Bei der Kommunion meines Patenkindes war das Vorbereitungsthema „Luft und Wasser“. Dabei kamen mir spontan ein Fesselballon und der Leuchtturm in den Sinn. Die Kinder waren von der Idee total begeistert und wie man sieht, können diese Symbole sehr kindlich und bunt gestaltet werden.

Natalie
3.5.08

Der Kelch ist ein Symbol für den Neuen Bund, den Gott mit den Menschen geschlossen hat. Die Hostie ist der Leib Christi.

Die Trauben stehen für den Wein, der aus ihnen gekeltert wird. Er ist das Blut Christi, das er für die Vergebung der Sünden vergossen hat.

Die Sonne ist ein weitverbreitetes Symbol, das für Christus steht.

Aus Trauben wird Wein

ein Symbol für das Abendmahl

MATERIAL

KOMMUNIONKERZE

* Kerze in Weiß, ø 3 cm, 50 cm hoch
* Verzierwachsplatte in Mittelbraun und Weiß
* Verzierwachsplatte in Orange mit Aquarell-Streifen
* 3 Flachstreifen in Gold, 1 mm breit
* Wachsbuchstaben und -zahlen in Gold, 8 mm hoch
* Schreibfolie in Gold

TISCHKERZE

* Kerze in Weiß, Indio, 15 cm x 8,5 cm
* Verzierwachsplatte in Mittelbraun und Weiß
* Verzierwachsplatte in Orange mit Aquarell-Streifen
* Flachstreifen in Gold, 1 mm breit
* Wachsbuchstaben und -zahlen in Gold, 8 mm hoch
* Schreibfolie in Gold

VORLAGE

Bogen 2A

Kommunionkerze

1 Für diese Kerze brauchen Sie drei braune Quadrate (4 cm x 4 cm) und drei orangefarbene (3 cm x 3 cm). Legen Sie die kleineren auf die größeren und bringen Sie sie jeweils im Abstand von 3,5 cm mittig auf der Kerze an. Anschießend die Quadrate mit goldenen Flachstreifen umranden. Das gibt einen schönen Abschluss.

2 Die weißen Motive ausschneiden, auf den Quadraten anbringen und die Innenlinien mit der Nadel gestalten. Dann den Namen des Kindes und das Datum ergänzen. Zuletzt oben zwei Flachstreifen als Borte anbringen und mit Schreibfolie einen edlen Goldglanz aufbringen.

Tischkerze

Passend zur Kommunionkerze können Sie diese Tischkerze anfertigen. Schneiden Sie dazu ein orangefarbenes Quadrat (4 cm x 4 cm) aus und bringen Sie es auf einem braunen Rechteck (10 cm x 5 cm) auf der Kerze an. Anschließend wie oben beschrieben die Zierlinien, das Motiv sowie die Schrift anbringen und das fertige Motiv mit Goldglanz überziehen.

CARMEN
03.05.08

LEA

Mit Lila voll im Trend

Die Farbe der Besinnung

MATERIAL

KERZE MIT KREUZ

* Kerze in Weiß, ø 3 cm, 40 cm hoch
* Verzierwachsplatte in Lila und Silber matt
* Flachstreifen in Silber, 1 mm breit
* Wachsbuchstaben in Silber, 8 mm hoch
* Schreibfolie in Silber

KERZE MIT SYMBOLEN

* Kerze in Weiß, ø 3 cm, 50 cm hoch
* Verzierwachsplatte in Lila, Flieder (hell), Flieder (dunkel), Orange, Weiß und Hellgrün
* 3 Flachstreifen in Gold, 1 mm breit
* Schreibfolie in Gold

VORLAGE

Bogen 2A

Kerze mit Kreuz

1 Das lila Kreuz aus Verzierwachs ausschneiden und auf der Kerzenmitte andrücken. Die silberfarbene Hostie darauf anbringen und darüber ein weiteres Kreuz mit zwei Flachstreifen aufsetzen. Die Enden des Kreuzes ragen dabei über das Motiv hinaus (siehe Vorlage).

2 Den Kelch und den Fisch wie abgebildet neben bzw. unter dem Kreuz anbringen. Abschließend das Motiv oben und unten mit einer Borte rahmen. Ich habe dazu oben einen 1 cm breiten lila Streifen mit drei silbernen Flachstreifen angebracht. Die untere Borte ist 1,2 cm breit und wird von zwei Flachstreifen gerahmt. So bleibt genügend Platz für den Namenszug. Abschließend nach Belieben noch mit der Schreibfolie silberne Akzente setzen.

Kerze mit Symbolen

1 Für die Farbflächen ein Quadrat in hellem Flieder (3,5 cm x 3,5 cm), ein Rechteck in Lila (3,5 cm x 1,5 cm) und ein Quadrat in dunklem Flieder (2,5 cm x 2,5 cm) ausschneiden, mithilfe der Vorlage auf der Kerze platzieren und mit Flachstreifen umranden.

2 Nun die kleinen Motive anbringen. Beim Kelch die Innenlinien nachzeichnen und wie auf der Abbildung mit Flachstreifen belegen. Das Kreuz erst in Weiß zuschneiden und anschließend wie ein Puzzle mit Wachsstücken in sämtlichen Farben gestalten. So wirkt es wir ein Kleinod. Zum Schluss mit der Schreibfolie einen Goldschimmer auf die Motive zaubern und zwei Flachstreifen etwa 5 cm über dem Motiv als Borte anbringen.

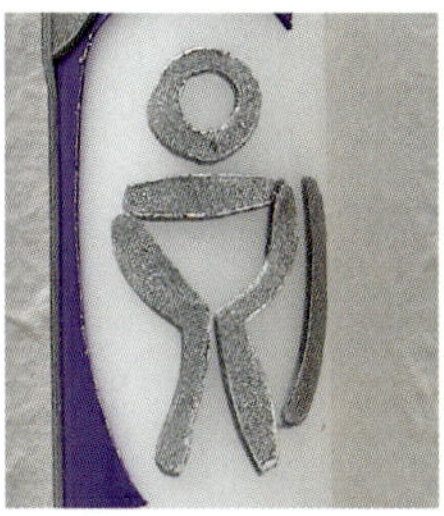

Der Kelch auf der Kommunionkerze mit Kreuz ist absichtlich schlicht gehalten. Die reduzierte Form wird durch das matte Silber des Verzierwachses unterstrichen.

Das Kreuz auf der Kerze mit Symbolen ist hingegen üppig ausstaffiert. In aufwändiger Feinarbeit werden die bunten Wachsstücke zusammengepuzzelt.

Reiche Zeichensprache

Mit Sonne und Regenbogen

MATERIAL REGENBOGEN

* Kerze in Weiß, ø 3 cm, 50 cm hoch
* Verzierwachsplatte in Gelb, Lila, Flieder und Gold matt
* Regenbogen-Wachsstreifen
* Flachstreifen in Gold, 1 mm und 3 mm breit
* Wachsbuchstaben in Gold, 8 mm hoch
* Schreibfolie in Gold

SONNE

* Kerze in Weiß, ø 4 cm, 40 cm hoch
* Wachsverzierplatte in Gelb, Blau, Gold irisierend und Blau marmoriert
* Perlstreifen in Gold, 2 mm breit
* 2 Flachstreifen in Gold, 2 mm breit
* Wachsbuchstaben in Gold, 8 mm breit
* Schreibfolie in Gold

VORLAGE
Bogen 2A

Regenbogen

1 Beginnen Sie das filigrane Motiv der Kerze am besten in der Mitte und bringen Sie den gelben Kreis (ø 3 cm) an. Dann können Sie die restlichen Motive daran ausrichten. Legen Sie nun mit dem schmalen Flachstreifen eine Spirale auf den gelben Kreis. Sie soll den Lebensweg symbolisieren.

2 Anschließend mit zwei Stücken des breiteren Flachstreifens (13 cm und 5 cm lang) das Kreuz auflegen. Den Regenbogen direkt darüber s-förmig anbringen. Als nächstes die einzelnen Teile der Traube gestalten und mit der Nadel verzieren. Die Ranken bilden 1 mm breite mattgoldene Flachstreifen.

3 Die fertige Traube auf der Kerze anbringen und nach Belieben mithilfe der Schreibfolie mit etwas Gold überziehen. Zum Schluss noch die fliederfarbenen Wellen anbringen und den Namen mit Wachsbuchstaben auf die Kerze schreiben. Fertig.

Sonne

1 Als Untergrund eine blau marmorierte Verzierwachsplatte (10 cm x 20 cm) auf der Kerze anbringen und oben und unten mit dem Flachstreifen einfassen. Die gelbe Sonne darauf anbringen. Zuvor aber mit einer Nadel die Innenlinien der Sonne nachzeichnen und anschließend mit der Schreibfolie einen leichten Goldschimmer auf das Wachs zaubern.

2 Auf der unteren Hälfte einen blauen Streifen (10 cm x 4,5 cm) anbringen, sodass darunter noch etwa 2,5 cm für den Schriftzug frei bleiben. Das Kreuz aus Perlstreifen und die beiden Fische darauf fixieren. Zuletzt noch den Name hinzufügen, dann das fertige Motiv mit schützendem Lack überziehen.

Mein Tipp für Sie

Das Datum ergänzen Bei beiden Kerzen kann man auch ein Datum einarbeiten. Bei der Regenbogenkerze würde ich es ganz einfach unterhalb des Namens platzieren. Bei der Sonnenkerze ist es am schönsten, wenn man den blauen Streifen etwas nach unten versetzt. Den Namen schreibt man dann über das Kreuz und das Datum darunter.

THOMAS
SONJA

Α
Ω
Α
Ω
03.05.09
ELANIE

Kelch und Ähren sind in der christlichen Kunst ein Symbol für das Abendmahl. Im Kelch wird der Wein, das Blut Christi, gereicht. Die Ähren sind ein Sinnbild für das Brot, den Leib Christi.

Kräftiges Rot trifft edles Gold

klassisch-elegante Kerzen

MATERIAL

KERZE MIT ÄHREN

* Kerze in Elfenbein, ø 3,5 cm, 50 cm hoch
* Verzierwachsplatte in Weinrot, Pink, Gold matt und Gold glänzend
* 2 Flachstreifen in Gold, 1 mm breit
* 2 Rundstreifen in Gold, 2 mm breit
* Wachsmotive in Gold: Alpha und Omega, 8 mm hoch
* Wachsbuchstaben in Gold, 8 mm hoch
* Schreibfolie in Gold

KERZE MIT KREUZ

* Kerze in Weiß, ø 4 cm, 40 cm hoch
* Verzierwachsplatte in Orange und Rot mit Craquelée-Effekt
* 3 Flachstreifen in Gold, 1 mm breit
* Wachsmotive in Gold: Alpha und Omega, 8 mm hoch
* Wachsbuchstaben und -zahlen in Gold, 8 mm hoch

VORLAGE

Bogen 2A

Kerze mit Ähren

1 Bringen Sie zuerst den weinroten Halbkreis auf der Kerze an. An ihm können Sie dann das Kreuz aus Rundstreifen (14 cm und 5 cm lang) ausrichten. Zuvor jedoch die runde Seite mit einem schmalen Flachstreifen in Gold, einem 3 mm breiten Streifen in Pink und einem zweiten schmalen Streifen in Gold verzieren (siehe Foto). Die kleinen Punkte nicht vergessen.

2 Nun die Ähren anbringen und die Stiele mit dem Flachstreifen auflegen. Den Kelch zusammensetzen und darunter platzieren. Nun können Sie den Namen sowie Alpha und Omega hinzufügen. Jetzt fehlt nur noch die Borte. Dazu einen 2 mm breiten Wachsstreifen in Pink mit schmalen Streifen in Gold einfassen. Nach Wunsch das Motiv mit Schreibfolie verschönern.

Kerze mit Kreuz

Die Kreuze auf der Kerze platzieren und mit Flachstreifen verzieren. Dann Alpha und Omega ergänzen. Als Abschluss oben eine wellenförmige Verzierborte aus drei Wachsstreifen anbringen. Die Namensborte unten ist 1,3 cm breit, damit die Buchstaben auf ihr genügend Platz haben. Am besten bringen Sie sie in einem Abstand von 4 cm zum Kreuz an, dann können Sie das Datum noch in den Zwischenraum schreiben.

Orange gibt den Ton an

eine durch und durch edle Komposition

MATERIAL

KERZE MIT LEUCHTTURM

* Kerze in Cremefarbe, ø 4 cm, 40 cm hoch
* Verzierwachsplatte in Orange, Cremefarbe und Gold matt
* Flachstreifen in Gold, 1 mm breit
* Verzierborte in Gold, 5 mm breit
* Verzierbuchstaben und -zahlen in Gold, 8 mm breit
* Schreibfolie in Gold

KERZE MIT KREUZ

* Kerze in Weiß, ø 4 cm, 40 cm hoch
* Verzierwachsplatte in Cremefarbe, Orange, Orange mit Moirée-Effekt und Gold irisierend
* 2 Flachstreifen in Gold, 1 mm breit
* Wachsbuchstaben und -zahlen in Gold, 8 mm breit
* Schreibfolie in Gold

TISCHKERZE

* Kerze in Weiß, oval, 16 cm x 6,5 cm
* Verzierwachsplatte in Orange, Cremefarbe und Gold matt
* Flachstreifen in Gold, 1 mm breit
* Schreibfolie in Gold
* Wachsbuchstaben und -zahlen in Gold, 8 mm hoch

VORLAGE

Bogen 2B

Kerze mit Leuchtturm

1 Dieses Motiv gestalten Sie am besten, bevor Sie die Wachsplatten auf der Kerze anbringen. Dazu das orange und das cremefarbene Rechteck (7 cm x 10 cm und 5 cm x 11 cm) wie auf der Vorlage aufeinanderlegen, dann die Linien des Leuchtturms direkt auf das Wachs übertragen und mit einem dünnen Flachstreifen nachlegen.

2 Die Fenster, die Möwen und das Dach ergänzen und dass Schiffchen andrücken. Anschließend die Schreibfolie auflegen und mit stumpfem Bleistift das Bibelzitat auf das Wachs schreiben. Das fertige Motiv mit schmalen Flachstreifen einfassen und auf der Kerze platzieren.

3 Geben Sie nach Belieben den Kanten mit der Schreibfolie einen goldenen Schimmer. Dann das Datum, den Namen und die Borte anbringen – fertig ist die Kerze.

Kerze mit Kreuz

1 Für den farbigen Untergrund benötigen Sie zunächst zwei Rechtecke. Das mit Moirée-Effekt misst 11,5 cm x 6 cm, das Rechteck mit Wellenrand mithilfe der Vorlage anfertigen und so auf das erste legen, dass es links 5 mm übersteht.

2 Die Rechtecke auf der Kerze anbringen und mit dem Kreuz verzieren. Anschließend nach Wunsch dem Kreuz mit der Schreibfolie einen Goldschimmer geben. Die Fische gestalten und andrücken, dann die Wellen mit schmalen Flachstreifen auflegen. Abschließend noch Namen und Datum hinzufügen und mit schmalen goldfarbenen Flachstreifen und einem 2 mm breiten Streifen mit Moirée-Effekt eine Borte anbringen.

Tischkerze

Das Motiv der Tischkerze wird wie bei der Kerze mit Leuchtturm beschrieben angefertigt. Das cremefarbene Rechteck ist 5 cm x 10,5 cm groß, das orange misst 8 cm x 10 cm. Name und Datum werden seitlich angebracht.

SILKE
22.04.09
Jesus sagt
Ich bin das
Licht der Welt
KARIN

Die hab ich selbst gemacht

schlichte Formen, große Wirkung

MATERIAL

KERZE MIT KREUZ

* Kerze in Weiß, ø 4 cm, 40 cm hoch
* Verzierwachsplatte in Hellgrün mit Moirée-Effekt, Zitronengelb, Sonnengelb und Silber matt
* 2 Verzierborten in Silber, 5 mm breit
* Wachsbuchstaben in Silber, 8 mm breit
* ggf. 2 Verzierwachsplatten in Weiß (zum Hinterlegen)

KERZE MIT FISCH

* Kerze in Weiß, ø 4 cm, 40 cm hoch
* Verzierwachsplatte in Hellgrün mit Moirée-Effekt, Zitronengelb, Pink und Silber matt
* 3 Flachstreifen in Silber, 1 mm breit
* Wachsbuchstaben in Silber, 8 mm breit
* Schreibfolie in Silber
* ggf. Verzierwachplatte in Weiß (zum Hinterlegen)

VORLAGE

Bogen 2B

Kerze mit Kreuz

Den Untergrund des Kreuzes mit einem hellgrünen Rechteck (6,5 cm x 10,5 cm) und einem zitronengelben Rechteck (5 cm x 9 cm) gestalten. Darüber zuerst das große hellgrüne Kreuz anbringen, dann das kleinere in Sonnengelb. Anschließend die feinen Linien des Strahlenkreuzes ergänzen, die Kerze mit dem Namen beschriften und mit der Wachsborte verzieren. Fertig!

Kerze mit Fisch

1 Die leuchtenden Farbbalken aus dem Wachs ausschneiden. Sie sind 2,5 cm breit und 11 cm hoch. Dann die Rechtecke stufenförmig aufeinanderlegen und auf der Kerze fixieren. Anschließend die freien, senkrechten Ränder mit Flachstreifen verzieren.

2 Den gelben Kreis mittig auf den Farbbalken andrücken und mit dem Fisch und dem Kreuz schmücken. Damit der Fisch schön glänzt, können Sie ihn mit der Schreibfolie verzieren. Den Namen mit Wachsbuchstaben unter die Farbbalken schreiben, über dem Motiv drei Flachstreifen als Verzierborte anbringen.

Mein Tipp für Sie

Leuchtende Farben Die beiden Motive bestehen aus sehr hellen, durchscheinenden Farben. Damit diese schön strahlen, sollte man sich die Mühe machen, die hellen Motivteile mit weißem Verzierwachs zu unterlegen. Das weiße Wachs sollte allerdings nachher nicht sichtbar sein.

EDITH

DANKE

Edles Glaubensbekenntnis

in dezentem Blau und edlem Silber

MATERIAL

KOMMUNIONKERZE

* Kerze in Weiß, ø 4 cm, 40 cm hoch
* Verzierwachsplatte in Dunkelblau mit Craquelée-Effekt
* 3 Perlstreifen in Silber, 2 mm breit
* 2 Rundstreifen in Silber, 2 mm breit
* Wachsmotiv in Weiße: Taube, 3,5 cm hoch
* Schreibfolie in Silber

TISCHKERZE

* Kerze in Weiß, Indio, 15 cm x 8,5 cm
* Verzierwachsplatte in Dunkelblau mit Craquelée-Effekt
* 2 Perlstreifen in Silber, 2 mm breit
* 2 Rundstreifen in Silber, 2 mm breit
* Wachsmotiv in Weiße: Taube, 3,5 cm hoch
* Wachsbuchstaben in Silber, 8 mm hoch
* Schreibfolie in Silber

VORLAGE

Bogen 1B

Kommunionkerze

1 Die Wachsplatte auf eine Größe von 10 cm x 13 cm zuschneiden und auf der Kerze anbringen. Anschließend können Sie die Kanten mit Perlstreifen einfassen, damit sie einen schönen Abschluss haben.

2 Nun mit zwei Rundstreifen das Monogramm auflegen. Am leichtesten geht dies, wenn Sie die Form vom Vorlagenbogen auf die Wachsplatte übertragen und dann die Linien nachlegen. Danach die Taube aufdrücken und mit der Schreibfolie verschönern. Als Auge ein Stück des Perlstreifens aufsetzen. Zuletzt noch zwei Perlstreifen als Verzierborte anbringen – schon ist die Kerze fertig.

Tischkerze

Für die passende Tischkerze schneiden Sie die Wachsplatte auf eine Größe von 11,5 cm x 6,5 cm und bringen sie auf der Kerze an. Achten Sie dabei darauf, dass später noch der Schriftzug darunter Platz haben sollte. Anschließend das Motiv wie oben beschrieben gestalten und ganz zum Schluss das Wort „Danke" unter dem Motiv anbringen.

Mein Tipp für Sie

Die Farbe variieren Wachs mit Craquelée-Effekt gibt es auch in Hellblau, Rosa, Grün, Rot und Orange. Statt Wachs mit Craquelée-Effekt können Sie aber auch Verzierwachsplatten mit Brokateffekt verwenden. Dieses Muster erinnert an edlen, mit Goldfäden durchsetzten Stoff und ähnelt sehr stark dem hier gezeigten Wachs.

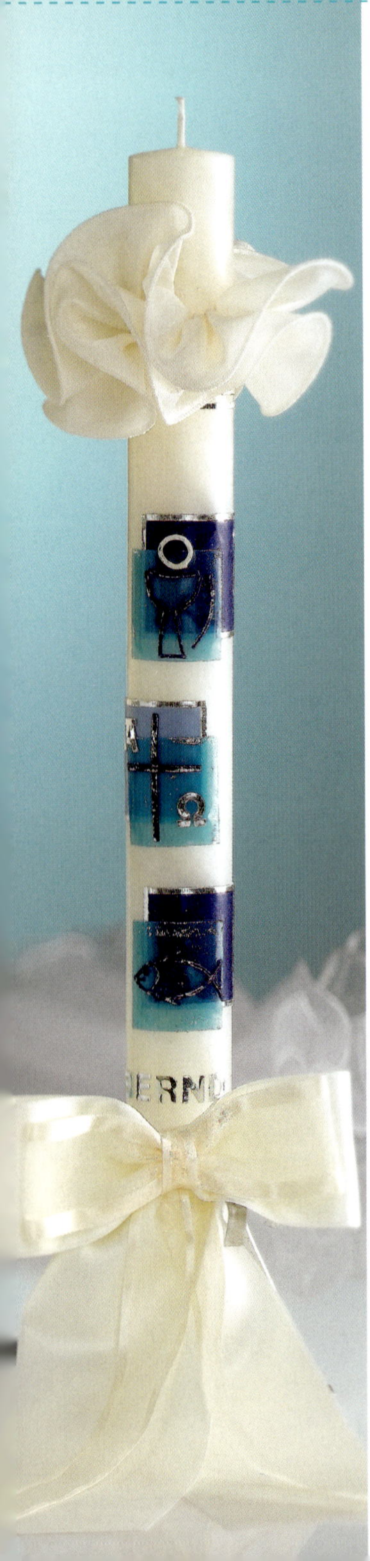

Zeichen des Glaubens

und der christlichen Gemeinschaft

Kerze mit Quadraten

1 Sie brauchen insgesamt sechs Wachsquadrate (3,5 cm x 3,5 cm): eins in Hellblau, zwei in Dunkelblau und drei in Blaugrün. Das hellblaue und das dunkelblaue Quadrat wie auf dem Foto im Abstand von 2,5 cm auf der Kerze anbringen und mit Flachstreifen umranden. Dann die drei blaugrünen Quadrate versetzt darüber anbringen, sodass sie senkrecht übereinanderstehen.

2 Anschließend die blaugrünen Quadrate mit den Motiven verzieren. Dazu die Vorlage mit Bleistift auf das Wachs übertragen und anschließend mit 1 mm bzw. 2,5 mm breiten Wachsstreifen nachlegen. Alpha und Omega ergänzen und schließlich alle Motive mit der Schreibfolie zum Glänzen bringen.

3 Fehlen nur noch die Borte und der Name des Kommunionkindes. Dazu zwei Flachstreifen im Abstand von 5 mm über dem Motiv als Verzierborte anbringen. Den Namen mit Wachsbuchstaben unter das Motiv schreiben.

Kerze mit Balken

1 Zuerst die drei Quadrate (3 cm x 3 cm) in Mittelblau, Hellblau und Dunkelblau im Abstand von 1 cm auf der Kerze anbringen, dann das Rechteck in Grünblau (14 cm x 3 cm) um 1,5 cm nach rechts versetzt auf diesen fixieren.

2 Als nächstes werden die Motive ausgeschnitten und auf den drei Quadraten angebracht. Damit sie sich besser abheben, am besten die Ränder mit Flachstreifen einfassen. Anschließend die Motive mit der Schreibfolie leicht mit Silber überziehen.

3 Der Name passt am besten rechts auf das Rechteck. Für das Datum ist unter dem Motiv ausreichend Platz. Den Abschluss bildet eine Borte aus zwei 1 mm breiten Streifen in Dunkelblau und einem 2 mm breiten Streifen in Blaugrün.

Mein Tipp für Sie

Passende Tischkerze anfertigen
Zu diesen stark geometrischen Kommunionkerzen passt am besten eine asymmetrische Dreikantkerze (z. B. 23 cm x 10 cm x 8 cm). Ich habe die Kerze wie die Kommunionkerze mit Quadraten gestaltet – allerdings habe ich die Quadrate etwas größer zugeschnitten. Sie sind 4 cm x 4 cm groß.

MATERIAL

KERZE MIT QUADRATEN

* Kerze in Elfenbein, ø 3,5 cm, 40 cm hoch
* Verzierwachsplatte in Hellblau, Dunkelblau, Weiß und Grünblau
* 3 Flachstreifen in Silber, 2 mm breit
* Wachsbuchstaben und -zahlen in Silber, 8 mm hoch
* Wachsmotive in Silber: Alpha und Omega, 8 mm hoch
* Schreibfolie in Silber

KERZE MIT BALKEN

* Kerze in Weiß, ø 4 cm, 40 cm hoch
* Verzierwachsplatte in Hellblau, Mittelblau, Dunkelblau und Grünblau
* Flachstreifen in Silber, 1 mm breit
* Wachsbuchstaben und -zahlen in Silber, 8 mm hoch
* Schreibfolie in Silber

VORLAGE

Bogen 2B

Xenia Bauer wohnt im schönen Südschwarzwald und hat eine große Vorliebe für kreative Tätigkeiten. Sie spielt gerne Klavier, liebt das Tanzen und bastelt oft in ihrer Freizeit. Als die Erstkommunion ihrer kleinen Schwester anstand, hat sie sich überlegt, womit sie ihr eine Freude bereiten könnte. Sie entschied sich, ihr eine ganz persönliche Kommunionkerze zu gestalten. Das Gestalten hat ihr so viel Spaß gemacht, sodass sie danach für Freunde und Nachbarn weitere Kerzen zu verschiedenen Anlässen kreierte. Seither ist sie voller Begeisterung für dieses Kreativthema – was man den Kerzen in diesem Buch leicht ansehen kann.

HINWEIS

Alle in diesem Buch verwendeten Materialien und Kerzen können Sie auch bei Konnys Kerzen im Internet beziehen.
www.konnys-kerzen.de

IMPRESSUM

FOTOS: frechverlag GmbH, 70499 Stuttgart; Xenia Bauer (Schrittfotos und Porträt), lichtpunkt, Michael Ruder, Stuttgart (alle restlichen Fotos)

PRODUKTMANAGEMENT UND LEKTORAT: Susanne Pypke

DRUCK: frechdruck GmbH, 70499 Stuttgart

Auflage:	5.	4.	3.	2.	1.	
Jahr:	2012	2011	2010	2009	2008	[Letzte Zahlen maßgebend]

ISBN 978-3-7724-3736-6 • Best.-Nr. 3736